• Si tienes 1 euro, ¿por cuántos cént

El euro lo puedo cambiar por ..

• Completa los valores para que todos valgan 1 euro.

70 céntimos + 30 céntimos	25 céntimos + ... céntimos
45 céntimos + ... céntimos	90 céntimos + ...céntimos
15 céntimos + ... céntimos	85 céntimos + ... céntimos

• Pablo quiere repartir entre sus 4 amiguitos un billete de 20 euros a partes iguales. Haz la operación y pega la pegatina.

20 | 4
.... euros

Le tocará a cada uno .... euros.

• Félix tiene 50 céntimos y Andrés 75 céntimos. ¿Cuántos céntimos tienen entre los dos?

  50 céntimos
+75 céntimos

.... céntimos tienen entre los dos.

Félix y Andrés tienen entre los dos .... céntimos

• Ruth ha comprado un cuento que le ha costado 12 euros. Ha entregado 20 euros. ¿Cuánto le tienen que devolver? Coloréalo a tu gusto.

  20 euros
- 12 euros
____
.... euros

Le tienen que devolver .... euros.

• Lucas tiene estos céntimos y los quiere cambiar por euros. Rodea con un círculo los euros por los que puede cambiarlos. Pega las pegatinas.

• Ígor quiere comprar 6 cómics. ¿Cuánto dinero necesita, si cada cómic vale 2 euros?

  6 cómics
x 2 euros
____
.... euros

¡Pega la pegatina de los cómics!

• Cuenta los céntimos que hay y escribe a cuántos euros equivalen.

.... céntimos son .... euros.

Pega las pegatinas.

• Pega las pegatinas del valor de 1 billete o monedas para que sumen 8 euros y 70 céntimos.

• Escribe en los recuadros el valor que corresponda para completar la serie de los billetes.

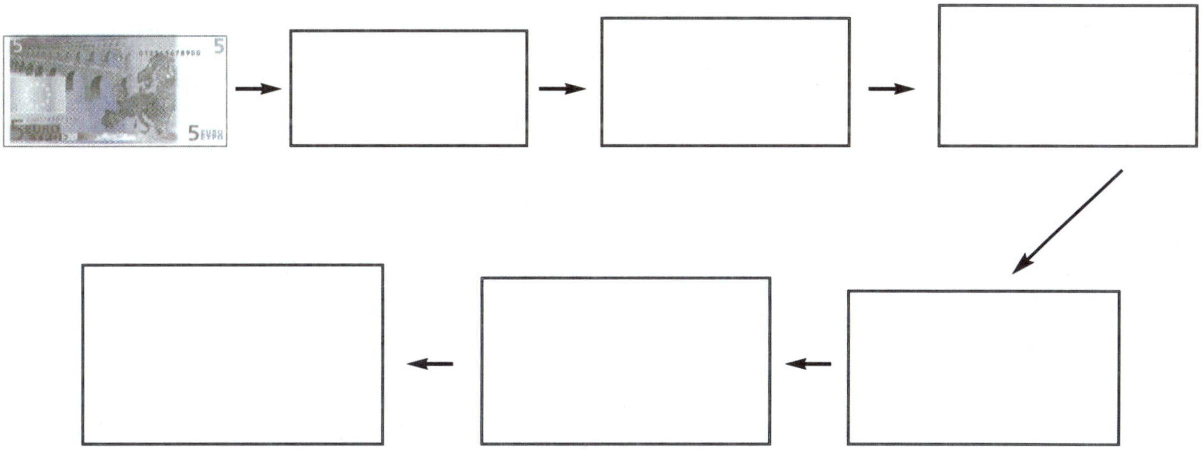

Suma todos los euros una vez los hayas escrito.
Suman .... euros.

• Pega las pegatinas que necesitas para cambiar 1 euro.

1 euro son .... céntimos.

• Andrea se ha comprado un vestido azul y otro de flores que le ha costado 35 céntimos más que el vestido azul. ¿Cuánto le ha costado el 2º vestido? Colorea a tu gusto.

48,45 euros

.....,..... euros

48,45 euros
+ .... céntimos

.....,...... céntimos

El vestido azul le ha costado ....,........ euros.

• Ana se ha comprado un estuche de pinturas y Sergio una peonza. ¿Cuánto dinero ha gastado Ana más que Sergio? Pega las pegatinas.

15,03 euros

25,75 euros
- 15,03 euros

.....,...... euros

25,75 euros

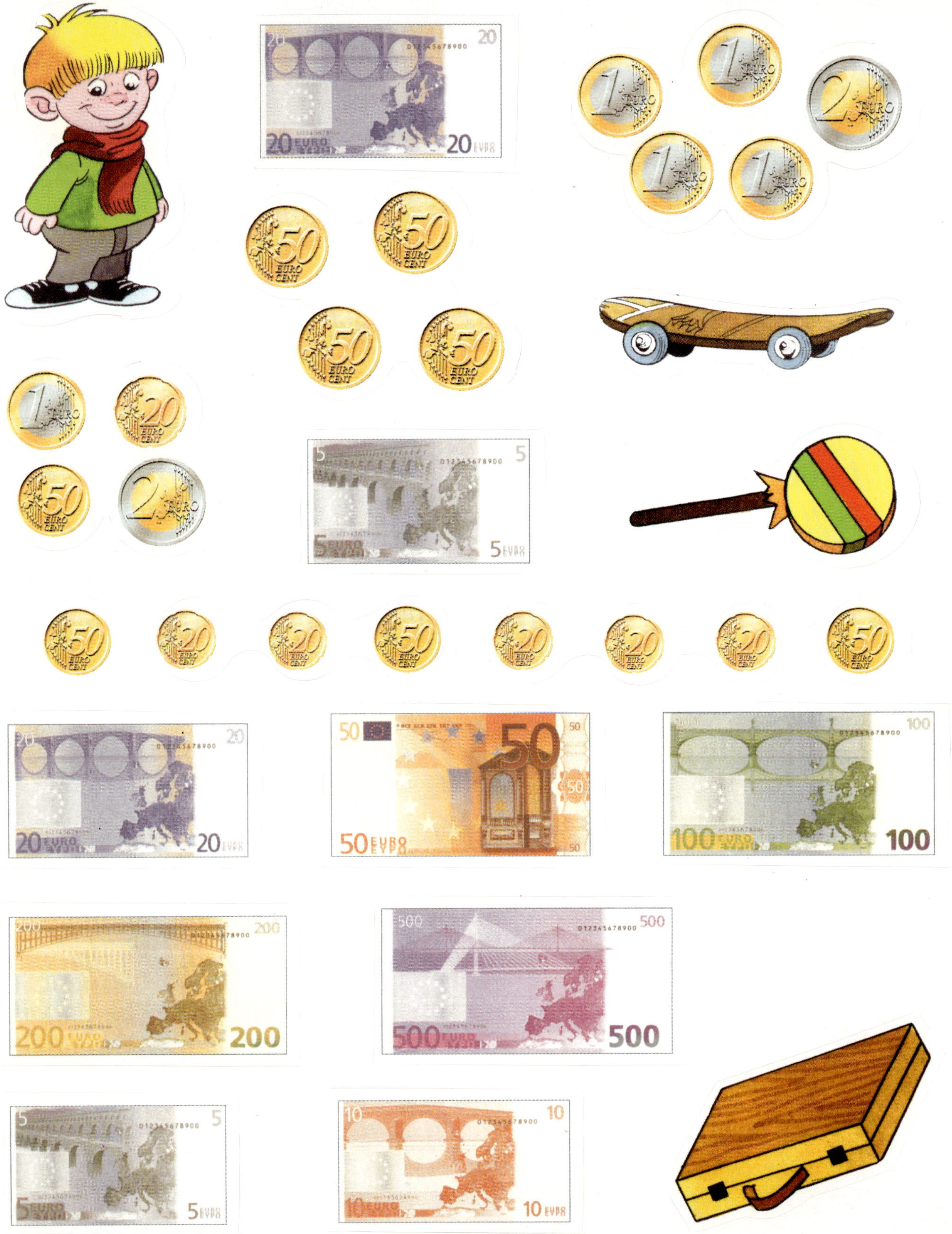

20
012345678900
20 EURO
1 EURO
2 EURO
50 EURO CENT
20 EURO CENT
5
5 EURO
50
50 EURO
100
100 EURO
200
200 EURO
500
500 EURO
10
10 EURO

SPACEMATIC
INTERNATIONAL HELVETICA
2002
GRAFISKA 1972
LING BOLD
Trade Marks

200
200
200 EURO
200

500
500
500 EURO
500

500
500
500 EURO
500

50
50
50 EURO
50

100
100
100 EURO
100

100
100
100 EURO
100

20
20
20 EURO
20 EURO

20
20
20 EURO
20 EURO

10
10
10 EURO
10

5
5
5 EURO
5 EURO

• Yasmina ha repartido 9 euros entre sus 4 hijos. ¿Cuánto dinero le toca a cada hijo?

9 euros valen .... céntimos.

900 | 4

.... céntimos

A cada uno le tocan .... céntimos, que valen .... euros.

• Continúa la serie, pegando las pegatinas de los billetes.

• Alberto tiene 6,85 euros, pero necesita 1,95 euros más para poder comprarse un patín. Haz la operación y dime cuánto le costará el patín.

 6,85 euros
+1,95 euros

.... euros vale el patín.

Pega la pegatina del patín.

• En cada cantidad cambia 1 euro por 100 céntimos.

5 euros = 4 euros y 100 céntimos.

3 euros = 2 euros y .... céntimos.

6 euros = ... euros y 200 céntimos.

4 euros = 3 euros y .... céntimos.

1 euro = ... céntimos.

.... euros = 6 euros y 100 céntimos.

• Óscar se ha comprado una caja en la que hay 125 galletas y le ha costado 7,50 euros. ¿Cuánto vale cada galleta?

7,50 : 125 = ...,.......... euros

Pega la pegatina.

• ¿Cuál es el objeto más caro? Pega las pegatinas.
El objeto más caro es ....

27,05 euros

7,21 euros

0,90 euros

• Marca con una X el billete de menos valor, de rojo el de mayor valor y pega las pegatinas.

• ¿Sabes qué billete falta para completar la serie? Si lo sabes dibújalo en el recuadro.

• En cada cantidad cambia 1 euro por 100 céntimos.

2 euros = 1 euro y .... céntimos.
3 euros = ... y .... céntimos.
4 euros = ... y 100 céntimos.
5 euros = ... y .... céntimos.
1 euro = ... céntimos.
...... euros = 6 euros y 100 céntimos.

• Pega las pegatinas de los billetes de 500, 100, 20 y 5 euros y escribe junto a cada billete cómo puedes cambiarlo por el menor número de billetes o monedas.

....

....

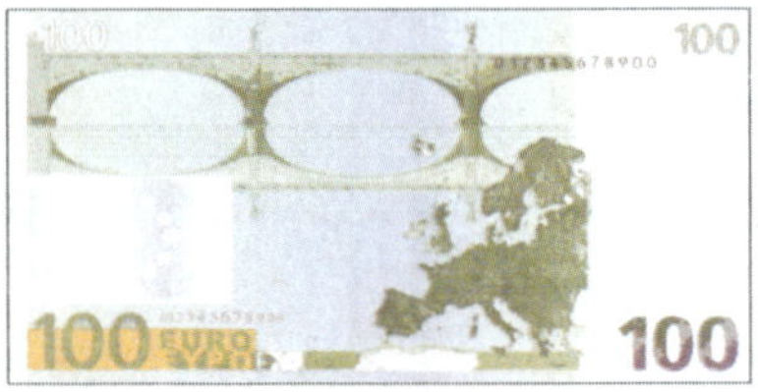

....

....

....

....

....